DAS LEBEN IST ZU KURZ STRESS

GERDA HOFFMANN

Das Leben ist zu kurz für Stress

IMPULSE FÜR EIN BESSERES LEBENSGEFÜHL

Cartoons von Roland Kopp-Wichmann, Heidelberg
www.cartoon4you.de

Herstellung und Verlag: BoD – Books on Demand, Norderstedt
ISBN 978-3-7386-4505-7

Inhaltsübersicht

Wozu

Immer schneller, immer höher, immer weiter! Unsere Gesellschaft leidet zunehmend unter einem Optimierungswahn. Schönheit, Gesundheit, Erfolg, Glück – alles lässt sich perfektionieren. Wer nicht mithalten kann, wird aussortiert. Das setzt Menschen immer mehr unter Druck. Schon in der Schule fängt es an. Stress ist zur Volkskrankheit geworden, unter der auch unsere Kinder leiden.

Wie soll es weitergehen? Brauchen wir wieder mehr Langsamkeit, mehr Einfachheit? Müssen wir wieder lernen, unsere wahren Bedürfnisse zu erkennen? Können wir uns aus diesen Verstrickungen befreien und den Druck herausnehmen?

In diesem kleinen Ratgeber möchte ich die Zusammenhänge zwischen Stress und seinen langfristigen Folgen aufzeigen. Stress raubt uns die Lebensenergie, die wir bitter nötig haben, um in dieser hektischen Zeit gesund zu bleiben. Wir können lernen, diese Energie wieder fließen zu lassen, indem wir unsere eigenen Stressfaktoren aufspüren und Alternativen suchen. Und von den Menschen lernen, die anscheinend einen Schutzpanzer gegen Stress entwickelt haben.

Veränderungen brauchen Zeit und sie beginnen immer mit dem ersten kleinen Schritt. Überfordern Sie sich nicht und setzen Sie sich nicht unter Druck – aber fangen Sie an.

„Der Sinn des Lebens ist das Leben selbst." Goethe

Warum

Vielleicht kennen Sie die Geschichte von Alice im Wunderland. An einer Stelle heißt es:

Und die schwarze Königin nahm Alice an die Hand und sie rannten und rannten, immer schneller und schneller, bis sie nicht mehr konnten. Als sie völlig erschöpft stehen blieben, merkte Alice, dass sie keinen Schritt weitergekommen waren. „Ja", seufzte die schwarze Königin „um weiterzukommen, muss man noch viel schneller rennen."

Geht es Ihnen manchmal auch so, dass Sie das Gefühl haben, auf der Stelle zu treten, obwohl Sie sich immer mehr anstrengen? Fühlen Sie sich gestresst,
- weil Sie immer mehr Aufgaben in immer kürzerer Zeit erledigen müssen?
- weil mehr und mehr Informationen von allen Seiten auf Sie einprasseln?
- weil Sie sich Sorgen machen – um Ihre Finanzen, Ihre Gesundheit, Ihre Kinder?

Stress mit all seinen Folgen ist zur Volkskrankheit geworden. Aber was bedeutet Stress? Wie entsteht er und was macht er mit uns?
Können wir ihm überhaupt entkommen? Oder ihn wenigstens ein bisschen reduzieren? Eine Menge Fragen, die ich nach und nach aus meiner Sicht beantworten möchte.

Und weil Aufschreiben so wichtig ist, legen Sie sich am besten einen Stift und Papier zurecht – oder besorgen Sie sich ein Antistress- oder Wohlfühlheft. Wie Sie es nennen, bleibt Ihnen überlassen.

WARUM AUFSCHREIBEN SO WICHTIG IST:
Uns gehen täglich unzählig viele Gedanken durch den Kopf. Sie kommen und gehen, so wie Wolken, die an uns vorüberziehen. Wir können Gedanken nicht festhalten – außer wir grübeln lange über etwas nach. Wenn wir nicht aufschreiben, was uns wichtig ist, geht es ganz schnell verloren. Ich meine damit nicht nur den Einkaufszettel, sondern auch unsere Ideen, unsere Wünsche, unsere Träume.

Was unseren Lebensrucksack schwer macht

Um den Stressfallen zu entgehen, muss man sie erst einmal wahrnehmen. Das geht nur, wenn wir achtsam sind und zur Ruhe kommen. Dafür muss man nicht stundenlang meditieren – schon mit einfachen Übungen können wir Veränderungen spüren. Wenn wir es schaffen, diese in den Alltag zu integrieren und zur Gewohnheit werden lassen. Sie lernen später eine Achtsamkeitsübung kennen, die nur eine Minute dauert!

Nehmen Sie sich jetzt einige Minuten Zeit, um in Ruhe das aufzuspüren, was Sie belastet und Ihren Alltag schwer macht. Oft sind es die vielen Kleinigkeiten, die sich summieren und den Lebensrucksack immer schwerer werden lassen: Der Ärger mit dem Partner oder mit den Kollegen. Die Mehrfachbelastung, Familie und Beruf unter einen Hut bringen zu müssen. Finanzielle Sorgen oder die Sorgen um die Kinder oder um die Gesundheit. Schreiben Sie es sich von der Seele, ohne lange darüber nachzudenken. Sie können es später ergänzen, falls Ihnen noch etwas einfällt.

Nehmen Sie ein Blatt Papier und schreiben Sie einfach drauflos!

> Sorgen, Ängste, Zeitdruck,
> Ärger, Krankheit, Überforderung,
> Langeweile, Trauer ...

Wenn Sie sich alles von der Seele geschrieben haben, schauen Sie sich Ihre Notizen kurz an:

- Welches Gefühl haben Sie, wenn Sie den Rucksack anschauen?
- Wie lange schaffen Sie es noch, all die Belastungen mit sich herumzutragen?
- Was können Sie entsorgen? Wer kann Ihnen etwas abnehmen? Was bleibt dann noch übrig?

Was fällt Ihnen spontan dazu ein? Schreiben Sie es auf!

Stress – wie er entsteht und was er mit uns macht

Bevor Sie sich weiter darüber Gedanken machen, ein kleiner Überblick, wie Stress entsteht und wie er sich auswirkt:

Stressreaktionen sind Überlebensstrategien, die anspringen, wenn wir eine Gefahr wahrnehmen. Gehen wir zurück zu den Anfängen der Menschheit und stellen uns vor, dass plötzlich ein gewaltiger Säbelzahntiger vor uns steht. Das Blut gefriert in den Adern, die Augen sind vor Schreck weit aufgerissen, das Herz schlägt schneller. Jetzt gibt es nur Kampf oder Flucht, um nicht gefressen zu werden. Und weil wir so schnell keine bewusste Entscheidung treffen können, übernimmt unser Gehirn automatisch die Führung: Stresshormone werden ausgeschüttet – der Blutdruck steigt, die Muskeln sind angespannt. Wir sind bereit zum Kampf oder zur Flucht. Und egal, ob wir uns durch Flucht retten oder das Untier im Kampf besiegen – die körperliche Aktivität baut die Stresshormone wieder ab. Die Erleichterung, der Gefahr entgangen zu sein, lässt unseren Körper langsam wieder entspannen. Wir sind wieder Herr der Lage und können langsam wieder klar denken.

Die Gefahren, denen wir heute ausgesetzt sind, sind ganz anderer Art. Doch unser Gehirn reagiert immer noch mit dem **Urzeitmodell**. In den meisten Fällen können wir dabei weder kämpfen noch fliehen, um unsere Stresshormone auf ein normales Maß zu reduzieren. Wenn uns jemand wütend macht oder verletzt, findet kein Kampf mehr statt – höchstens ein Kampf mit Worten. Der lässt den Stresspegel noch mehr ansteigen. Und wenn zu Hause oder im Beruf ein scheinbar unüberwindbarer Berg von Aufgaben auf uns wartet, können wir nicht einfach davonlaufen. Genauso ist es mit Sorgen und Ängsten. Flucht oder Kampf funktionieren nicht mehr. Höchstens die Flucht in die Sucht, z. B. in erhöhten Alkoholkonsum. Oder der Griff zu Tabletten und Aufputschmitteln. Um wieder zu entspannen, müssen wir Lösungen und Auswege aus dem Dilemma finden. Aber unter Dauerstress geht das nicht, weil unser Denken blockiert ist.

Wenn wir uns keine Pausen gönnen, uns nur noch im Hamsterrad drehen und unsere Gedanken Karussell fahren, wird die Stresswarnung nicht mehr abgeschaltet. Unser Körper befindet sich **im Alarmzustand!** Wir stehen unter Strom. Wir werden nervös und gereizt, bekommen Rücken-, Kopf- oder Magenschmerzen, Schlafstörungen oder Depressionen. Irgendwann sind wir völlig erschöpft und ausgelaugt. Die Stresshormone greifen unsere Schwachstellen im Körper an. Deshalb reagiert auch jeder Mensch mit anderen Symptomen. Bei manchen kommt es zu Verspannungen und zu Kopf-, Schulter- oder Rückenschmerzen. Anderen schlägt der Stress auf den Magen oder auf die Verdauung. Wieder andere werden anfälliger für Infekte, Entzündungen und Allergien, weil das Immunsystem beeinträchtigt ist. Doch das ist noch nicht das Ende vom Lied. Wenn wir nicht rechtzeitig Stopp sagen und die Reißleine ziehen, schwächen uns die Stresshormone immer mehr – bis hin zum Burnout und zur Depression. Um da wieder herauszukommen, braucht es Zeit, viel Zeit! Manche Menschen schaffen es auch gar nicht mehr und werden chronisch krank.

Es ist wie überall im Leben. **Die Dosis macht das Gift!** Kurzfristiger Stress macht uns leistungsfähiger, aufmerksamer und wacher. Sportler bringen Höchstleistungen, Musiker sind ganz auf ihr Spiel konzentriert, und in Notfallsituationen überlegen Menschen nicht lange – sie handeln. In einer Stresssituation sind wir fokussiert auf das Wichtigste.

Das bedeutet: Kurzfristigen Stress können wir kompensieren – Dauerstress macht krank.

Aber warum ist das so? Unser Gehirn setzt die Stressreaktion automatisch in Gang. Die Amygdala oder auch Mandelkern genannt, bewertet blitzschnell eine Situation und löst Alarm aus. Der Heidelberger Psychologe Roland Kopp-Wichmann nennt sie liebevoll „Myggie". „Myggie" speichert in unserem Unterbewusstsein die Spuren von früheren Erlebnissen. Stuft sie eine Situation als bedrohlich ein, wird die Stressreaktion in Gang gesetzt. Dabei ist es egal, ob die Situation real ist oder nur in unserem Kopfkino stattfindet. **Das Fatale ist, je öfter dieser Alarmknopf gedrückt wird, umso sensibler reagiert er.** Und irgendwann lässt er sich nicht mehr abschalten und es gibt Daueralarm. Dieser Prozess verläuft schleichend und wir merken es oft zu spät.

Gründe, die unseren Körper langfristig in Alarmzustand versetzen:
• Wenn wir zu wenig Pausen machen und immer nur arbeiten.
• Wenn wir uns zu wenig Schlaf gönnen, weniger, als wir persönlich brauchen.
• Wenn wir nicht auf unsere Ernährung achten, weil wir keine Zeit zum Einkaufen oder zum Kochen haben.
• Wenn wir uns dauernd Sorgen machen und keine Lösung finden.

Irgendwann meldet sich dann der Körper und fängt an zu streiken. Aber wer gibt schon etwas auf Müdigkeit, wenn man nicht ausgeschlafen hat? Ein paar Tassen Kaffee oder ein paar Pillen helfen über den Tag. Und Rücken-, Magen- oder Kopfschmerzen hat jeder mal, auch dafür gibt's Tabletten. Und wenn es gar nicht anders geht, lässt man sich kurzzeitig krankschreiben. Aber danach geht es mit Volldampf weiter! Konzentrationsstörungen, Denkblockaden? Die haben andere auch.

Wie gesagt, kurzfristig kann unser Körper sehr viel aushalten – langfristig macht es uns krank, wenn wir nicht achtsam mit uns umgehen. **Und dann war diese ganze Quälerei für die Katz!** Wir sind weniger leistungsfähig, machen Fehler, können uns nicht mehr konzentrieren und arbeiten am Ende weniger, als wenn wir uns Pausen gegönnt, Arbeit liegen gelassen oder auf eine Anfrage auch einmal Nein gesagt hätten.

Das Dumme ist, wir überhören oft die Alarmsignale. Nicht umsonst spricht man von Workaholics, von Arbeitsalkoholikern. Auch Arbeit kann süchtig machen. Und wie bei jeder Sucht beginnt es oft schleichend. Wie zum Beispiel beim Alkohol. Nach einem Gläschen fühlen wir uns beschwingt, wir wollen mehr davon. Wird es zu viel, dröhnt der Kopf und wir fallen zusammen. Die Grenzüberschreitung haben wir nicht bemerkt.

Strategien gegen Stress

Es gibt auch eine gute Nachricht. Wir haben es in der Hand, es gar nicht so weit kommen zu lassen. Wenn wir achtsam mit uns umgehen, immer wieder Pausen einlegen, uns etwas gönnen, was uns guttut, und auf unseren Körper hören. Dann können wir mit Belastungen besser umgehen und finden auch eher einen Ausweg aus schwierigen Situationen.

Aber wie soll das gehen? Die meisten Menschen leiden unter Zeitdruck und versuchen immer mehr zu leisten, immer mehr Aufgaben in den Tag zu packen. Um irgendwann dann doch einmal dem Hamsterrad zu entkommen. Ein gefährlicher Trugschluss! Gegen Stress hilft nur eines – achtsam mit uns umgehen. Mit unserem Körper, mit unserem Geist, mit unserer Seele! **Einen Ausgleich schaffen zwischen dem, was wir machen müssen, und dem, was uns guttut.**

Deshalb hier eine Achtsamkeitsübung, die nur eine Minute dauert.

Setzen Sie sich entspannt hin. Schließen Sie die Augen und achten Sie auf Ihren Atem. Lassen Sie ihn einfach fließen, in Ihrem eigenen Rhythmus. Spüren Sie Ihrem Atem nach. Sie sollen nichts bewerten oder verändern – nur wahrnehmen. Veränderungen kommen mit der Zeit ganz von selbst. Wenn Sie nicht wissen, wie lange eine Minute dauert, zählen Sie einfach 10 bis 15 langsame Atemzüge. Wenn Sie möchten, können Sie noch ein wenig nachspüren. Oder Sie öffnen langsam die Augen und kommen wieder in der Außenwelt an.

Sie dürfen jetzt beginnen …

Wenn Sie sich angewöhnen, **immer mal wieder nur eine Minute innezuhalten,** werden Sie mit der Zeit mehr und mehr zur Ruhe kommen und spüren, was Sie brauchen. Auch wenn Ihnen das die ersten Male nicht gelingt.

Sie können diese Übung auch ausweiten. Schließen Sie die Augen und achten Sie auf Ihren Körper. Wie fühlt er sich an? Wo spüren Sie Wärme, wo Kälte? Sind Sie irgendwo angespannt? Nur wahrnehmen, sonst nichts!

Schreiben Sie jetzt auf, was Ihnen guttut. Schreiben Sie einfach drauflos – auch Kleinigkeiten zählen: die Tasse Kaffee am Morgen, Ihr Lieblingslied im Radio, der Plausch mit der Kollegin. Sonnenschein, Sauna, Yoga, Sport oder ein Spaziergang. Spielen mit Ihren Kindern, guter Sex, ein leckeres Eis, ein spannendes Buch ...! Je mehr Dinge Sie finden, umso besser ist es. Finden Sie Ihre Pausensnacks, auf die Sie bei Belastung zurückgreifen können, um Ihre Energiereserven wieder aufzufüllen. Wir brauchen immer wieder die Entspannung – den Ausgleich, um unsere Akkus aufzuladen. Es ist wie beim Handy. Wenn der Akku leer ist, funktioniert nichts mehr.

Vieles ist eine Frage der Gewohnheit. Wenn Sie gewohnt sind, keine Pausen zu machen, immer Rücksicht auf andere zu nehmen, nicht Nein sagen können oder viel zu viel in Ihren Alltag packen, können Sie das nicht von heute auf morgen abstellen. Verhalten zu ändern braucht Zeit, viel Zeit. Und es ist anstrengend, zumindest am Anfang. Später, wenn die Veränderung zur Gewohnheit geworden ist, brauchen Sie nicht mehr darüber nachdenken. Sie tun es automatisch – so wie beim Autofahren, beim Radfahren oder beim Zähneputzen.

VORSICHT!

UNSER GEHIRN
BAUT SICH
JEDEN TAG UM.

DANACH, WIE WIR
ES BENUTZEN.

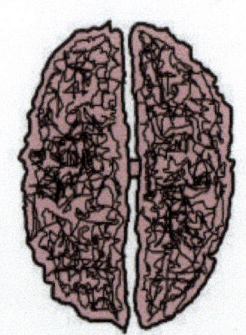

RACN

Die Entscheidung liegt bei uns

Aber was wollen wir? In einer Woche drei Kilo abnehmen! Mit Sport anfangen und uns nach zwei Wochen fit fühlen! Wenn das nicht klappt, sind wir frustriert und geben auf. Wir müssen uns entscheiden. **Wollen wir wirklich etwas ändern?** Wollen wir wirklich raus aus der Stressfalle? Oder wollen wir so weitermachen wie bisher – auf Risiko spielen? Veränderung ist einfach, wenn wir einen kleinen Schritt nach dem anderen machen und uns von Rückschlägen nicht aufhalten lassen.

Denken Sie an ein kleines Kind, das Laufen lernt. Zuerst steht es, hält sich fest und freut sich, dass es stehen kann. Dann kommt der erste wacklige Schritt, danach vielleicht schon der erste Plumps – trotzdem, das Kind ist begeistert und glücklich und freut sich über jeden noch so kleinen Erfolg. Es steht immer wieder auf und lässt sich nicht davon abhalten, zu probieren, zu probieren, zu probieren. Und es wird immer besser. Aber wie lange dauert es, bis es wirklich auf seinen zwei Beinen sicher durchs Leben läuft? Mindestens ein Jahr. Und wir wollen alles gleich können.

Dabei vergessen wir, dass kein Meister am Ende seines Könnens angekommen ist. Im Gegenteil. Würde er aufhören zu üben, zu trainieren, würden seine Fähigkeiten nach und nach verkümmern. Das gilt für Musiker genauso wie für Handwerker. Für Künstler genauso wie für Fußballspieler. Was die Besten auf ihrem Gebiet immer besser werden lässt, ist ihre Begeisterung, ihre Leidenschaft für etwas. Ihr unbändiger Wunsch, sich weiterzuentwickeln.

Es heißt, Menschen ändern sich nur, wenn sie etwas davon haben. Wenn sie ein Ziel vor Augen haben oder sich durch Veränderungen besser fühlen. Und genau hier liegt das Problem. Wenn Sie Ihre Ernährung umstellen, sich mehr bewegen wollen oder für eine größere Anschaffung sparen, haben Sie nicht sofort etwas davon. Bewegung ist anstrengend. Die gesunde Ernährung schmeckt Ihnen womöglich nicht. Sie bekommen Heißhunger auf Schokolade oder auf Ihre Lieblingschips. Und das Geld, das Sie sparen, haben Sie im Moment nicht zur Verfügung, um sich etwas Schönes zu gönnen. Auch wenn Sie motiviert sind und Ihr Ziel vor Augen haben – die erste Durststrecke zu überstehen ist nicht einfach. **Aber Veränderung geschieht nur durch Wiederholung.** So lange, bis das gewünschte Verhalten zur Gewohnheit wird. Zur Routine, über die wir nicht mehr nachdenken.

Deshalb ist es wichtig, mit ganz kleinen Schritten anzufangen. So, dass es nicht weh tut. Und dann mit kleinen Schritten weiterzumachen. So langsam, dass wir den inneren Schweinehund nicht wecken, der uns von unserem Vorhaben abhalten will. Schon Goethe wusste es:
„Erfolg hat nur drei Buchstaben – TUN!"

20

Persönlichen Stressfaktoren

Machen Sie einen weiteren kleinen Schritt und schauen Sie sich Ihre Stressfaktoren genauer an. Nehmen Sie den gefüllten Lebensrucksack und ein Blatt Papier und beantworten Sie für sich folgende Fragen: Was sind meine emotionalen Stressfaktoren? Ängste, die ich habe, Sorgen, die ich mir mache? Sind diese Sorgen und Ängste berechtigt oder existieren sie nur in meinem Kopf? Wo liegen die größten Stressauslöser – im Beruf, in der Familie, in der Freizeit? Welche Faktoren haben mit Zeitdruck zu tun? Verursache ich den Zeitdruck selbst, weil

- ich mich überfordere?
- ich eine falsche Zeitplanung habe?
- ich perfekt sein will, es allen recht machen möchte?
- ich glaube, alles alleine schaffen zu müssen?

Bin ich überfordert oder unterfordert (auch das kann Stress auslösen)? Macht mir das, was ich tue, überhaupt Freude? Macht es Sinn oder ist es hauptsächlich langweilige Routine? Widerspricht es vielleicht sogar meinen eigenen Wertvorstellungen?

Um besser zu verstehen, warum etwas bei uns Stress auslöst, ein kurzer Überblick, was Stress mit unseren Bedürfnissen zu tun hat.

BEDÜRFNISPYRAMIDE NACH MASLOW
Der amerikanische Psychologe Abraham Maslow spricht von der Bedürfnispyramide des Menschen:
- Auf der untersten Stufe steht die Sicherung des Überlebens: Essen, Trinken, Schlafen, Sexualität.
- Danach kommt das Bedürfnis nach Sicherheit im Leben.

- Dann das soziale Bedürfnis, der Wunsch nach Gemeinschaft, Partnerschaft, Zuwendung.
- Danach der Wunsch nach Anerkennung, Erfolg, Macht.
- Erst an oberster Stelle steht das Bedürfnis nach Wachstum, nach Selbstverwirklichung, nach Spiritualität.

Seiner Meinung nach müssen erst die Grundbedürfnisse eines Menschen befriedigt sein, ehe er sich weiterentwickelt.

WAS HAT DAS JETZT MIT STRESS ZU TUN

Wenn wir zum Beispiel zu wenig Nahrung bekommen und unser Zuckerspiegel sinkt, springt unser Notfallprogramm an. Der Körper versucht, die letzten Energiereserven zu mobilisieren. Eine Stressreaktion wird in Gang gesetzt. Beim Diabetiker wird das ganz deutlich, wenn er unterzuckert ist. Dass sich unser Körper auch anpassen kann, merken wir in Zeiten von Hungersnot. Oder wenn wir eine Diät machen. Dann stellt der Körper sein Programm um. Das heißt, wir kommen mit weniger Energie aus.

Wenn unser Sicherheitsbedürfnis nicht befriedigt ist, wir Angst vor Jobverlust haben, Angst, dass wir die Miete nicht mehr zahlen können, oder uns Sorgen um die Zukunft machen, bedeutet das ebenfalls Stress für uns. Wir wissen nicht, welche Gefahren auf uns lauern, und schließen möglichst viele Versicherungen ab.

Wenn wir uns alleine fühlen, keine Familie oder keine Freunde haben – uns ausgeschlossen fühlen, ist das ebenfalls Stress. Wir wollen dazugehören und unterwerfen uns oftmals Zwängen und Dogmen, nur um nicht ausgegrenzt zu werden. In manchen Sekten gibt es die Strafe der Nichtachtung. Keiner darf mit einem Mitglied reden, das gegen die Regeln verstoßen hat. Und das oft über Wochen. Das ist genauso quälend wie körperlicher Schmerz. Wir brauchen Anerkennung, wollen Erfolg haben und nicht in der Bedeutungslosigkeit versinken. Dafür rackern wir uns ab. Oft mehr, als uns guttut. Ohne dieses Bedürfnis würde es keinen Schönheits-, Diät- oder Jugendwahn geben. Und damit weniger Stress.

Oft bleibt die letzte Stufe unserer Bedürfnisse auf der Strecke. Unsere Weiterentwicklung, die Entfaltung unserer Persönlichkeit. Was nichts weiter heißt, als zu erkennen, was uns selbst ausmacht: unsere Stärken und Schwächen, unsere Wertvorstellungen, unsere Sehnsüchte. Und auch dazu zu stehen. Ein lebenslanger Prozess, der manchmal schon in der Schule gestoppt wird. Wenn es im Extremfall heißt: Du kannst nichts, du bist nichts, du bist doof. Oder auch: Du musst dich anstrengen, du musst noch besser werden – sonst bist du nichts wert.

Sie sehen, unsere Stressreaktionen beruhen auf den Überlebensstrategien unserer Vorfahren aus grauer Steinzeit:
- Von Luft und Liebe alleine kann man nicht leben. Wir brauchen Nahrung und Schlaf, um genügend Energie zu haben. Und ohne Sexualität wären wir ausgestorben.
- Die Zugehörigkeit zu einer Gruppe bedeutet Unterstützung und gegenseitige Hilfe. Sie gibt uns Sicherheit und Geborgenheit.
- Wenn wir genug Energie haben und uns unterstützt fühlen, dann können wir auch unsere Fähigkeiten weiterentwickeln. Unserem wahren Selbst Raum geben, authentisch sein. Manche Künstler oder Menschen, die heute berühmt sind, haben das trotz Hunger und mangelnder Unterstützung geschafft.
- Über all dem steht der Wunsch, einen Sinn im Leben zu finden. Der Wunsch, Dinge zu verstehen. Ohne dieses Bedürfnis würde es keine

Philosophie, keine Religion und keine wissenschaftlichen Forschungen geben.

Allerdings sind die Bedürfnisse bei jedem Menschen unterschiedlich ausgeprägt. Es gibt Menschen, die kommen mit wenig Nahrung oder Schlaf aus, haben dafür vielleicht ein großes Sicherheitsbedürfnis. Für andere stehen Gemeinschaft und Anerkennung an erster Stelle. Wieder andere sind ausgesprochene Machtmenschen.

Diese Unterschiede machen den Umgang mit Stress so schwierig. Es gibt keine Patentrezepte. Jeder muss für sich selbst herausfinden, was bei ihm Stress verursacht und was er dagegen tun kann. Das bedeutet aber auch: Jeder hat die Verantwortung für sein Leben und muss selbst erkennen, was ihm guttut!
Wir müssen aufhören zu jammern, aus der Opferrolle aussteigen – und selbst die Initiative ergreifen.

Lassen Sie sich nichts einreden

Wir werden jeden Tag beeinflusst, bewusst und unbewusst. Die Werbung verführt uns mit verlockenden Versprechungen. Pillen, damit wir jung und leistungsstark bleiben. Cremes, damit unsere Haut strahlt und die Falten verschwinden. Drinks, die uns das Abnehmen erleichtern. Dazu noch die ganzen Lifestyle-Produkte, die man unbedingt haben muss, um dazuzugehören. Selbst wenn wir wissen, dass die Cremes überteuert und wirkungslos sind und die Lifestyle-Produkte unseren Geldbeutel schmälern – oft geben wir der Versuchung nach. Denn unser Gehirn reagiert auf Bilder und auf Emotionen. Und das nutzt die Werbung schamlos aus. Dazu kommen noch andere Einflüsse, je nachdem in welchen sozialen Gruppen wir uns aufhalten. Wir bekommen ein schlechtes Gewissen, wenn wir keine Bio-Ware kaufen, uns nicht vegetarisch ernähren, keinen Sport treiben oder unsere Kinder auf eine ganz normale Schule schicken.

Kritisch zu bleiben, wird immer anstrengender:
- Wenn wir unserem Körper weniger ungesunde Zusatzstoffe, weniger Zucker und weniger Fett zuführen wollen, müssen wir bei jedem Einkauf aufmerksam studieren, was auf der Verpackung steht.

- Wenn wir uns gesund ernähren möchten, müssen wir selbst herausfinden, was uns guttut. Soja- und Milchprodukte verträgt nicht jeder und manche Menschen entwickeln durch zu viel Obst eine Fructose-Unverträglichkeit.

- Genauso ist es beim Sport. Finden wir nicht das richtige Maß und die richtige Sportart, kann es uns mehr schaden als nutzen. Und wenn wir krank sind, ist es am besten, die Meinung mehrerer Ärzte einzuholen, ehe wir falsch behandelt oder vorschnell operiert werden.

Aber nicht nur das. Wir wissen heute, was überall auf der Welt geschieht. Aber wir wissen nicht, wie objektiv die Medien sind, die uns informieren. Und weil wir mit immer mehr Unsicherheiten leben müssen, nutzen das die sogenannten „Heilsbringer" aus. Dazu zählen auch radikale Fundamentalisten – egal ob christlich oder islamistisch – oder die Scientologen. Ihre meist charismatischen „Führer" versprechen uns Glück auf Erden oder im Himmel. Wenn wir nur das tun, was sie für richtig halten. Das war im Mittelalter nicht anders. Wer sündigte, landete im Fegefeuer.

Worauf es wirklich ankommt

Unsere Gesellschaft leidet unter einem Optimierungswahn – Schönheit, Erfolg Reichtum, Glück. Du kannst alles erreichen, wenn du nur willst, lautet die Devise. Dieser Optimierungswahn ist ansteckend, denn wer möchte schon schuld sein an seinem Unglück, an seiner Misere? Dabei übersehen wir, dass Unglück und Unzufriedenheit erst entstehen, wenn wir gegen unsere Überzeugungen leben und unsere Bedürfnisse vernachlässigen. Wenn wir das Leben anderer leben und nicht unser eigenes. Vielleicht kennen Sie das Märchen vom Fischer und seiner Frau:

Ein Fischer hatte einen verzauberten Fisch gefangen, der ihm die Erfüllung seiner Wünsche versprach. Der Fischer war mit seinem Leben zufrieden, nur seine Frau war es nicht. Sie wünschte sich eine größere Hütte. Der Wunsch ging in Erfüllung, doch sie war immer noch nicht glücklich. Sie stellte sich vor, wie es wäre, Königin zu sein. Und wieder musste der Mann ans Meer gehen und den Fisch bitten, seiner Frau den Wunsch zu erfüllen. Aber sie war niemals zufrieden. Als sie Königin war, wollte sie Kaiserin werden. Als sie Kaiserin war, wollte sie Papst werden. Doch auch das genügte ihr nicht. Als sie schließlich wie der liebe Gott sein wollte, war das zu viel. Sie landeten wieder in ihrer kleinen, armseligen Fischerhütte.

Über Zufriedenheit und Glück entscheidet nicht, was wir haben oder nicht haben, sondern unsere Einstellung zum Leben. Glück liegt in den kleinen Glücksmomenten und in guten Beziehungen. Und Erfolg kann auch bedeuten, eine Krise bewältigt oder ein Problem gelöst zu haben. Wir brauchen nicht auf den Lottogewinn und den Märchenprinzen zu warten. Ein Lottogewinn macht nur kurzfristig glücklich und der Märchenprinz oder die Märchenprinzessin sind auch nur Menschen, wie jeder andere auch. Was ist also wirklich wichtig im Leben?

Freude am Leben zu haben, das ist Lebensqualität. Oft sind es die kleinen Glücksmomente, die uns ein Gefühl von Lebendigkeit und Wärme vermitteln. Dazu gehören auch gute Beziehungen. Es muss nicht unbedingt die Familie sein, auch Freunde und Bekannte, zu denen wir einen guten Draht haben, bereichern unser Leben. Immer noch versucht man herauszufinden, warum Menschen in bestimmten Regionen mit guter Gesundheit sehr alt werden. Zuerst hat man es auf die Ernährung und auf die jahrelange harte Arbeit geschoben. Heute glaubt man, dass es die Gemeinschaft ist, in der sie sich aufgehoben fühlen. Sicherlich spielen viele Faktoren eine Rolle: Gene, Bewegung, Ernährung, Gemeinschaft. Am Ende aber ist wahrscheinlich die Zufriedenheit ausschlaggebend. Die Einstellung, die diese Menschen zum Leben haben. Ein gutes Beispiel dafür ist der Wiener Psychologe Viktor Frankl. In seinem Buch „… trotzdem Ja zum Leben sagen" beschreibt er seinen Aufenthalt im Konzentrationslager – wo er unter unmenschlichen und katastrophalen Bedingungen überlebt hat. Er hat nie die Hoffnung aufgegeben und sich seine Menschenwürde nicht nehmen lassen. Frankl wurde über 90 Jahre alt.

Es gibt viele Beispiele von Menschen, die unter schwersten Bedingungen ihr Leben gestaltet haben,
  - weil sie merkten, dass sie es schaffen können.
  - weil sie Menschen fanden, die sie unterstützten.

- weil sie die Hoffnung nicht aufgaben und sich von Misserfolgen nicht entmutigen ließen.

Diese Menschen haben einen Schutzpanzer gegen Stress, gegen die Widrigkeiten des Lebens. Sie stehen immer wieder auf. Resilienz, Widerstandskraft, nennt man das heute. Es heißt auch, dass Optimisten länger leben. Nicht, dass Optimisten ständig fröhlich trällernd durch die Gegend laufen. Das ist ein falsches Bild. Auch sie haben Sorgen und Probleme. Sie vertrauen nur darauf, dass es für ihr Problem eine Lösung gibt – und sie suchen danach! Das ist es, was Optimisten stark macht. **Denn Hilflosigkeit, das Gefühl, nichts tun zu können, macht krank. Wir entscheiden, wie wir mit einer Situation umgehen.** Wir haben immer die Wahl!

Selbstbewusst werden

Wenn wir wirklich mehr Lebensqualität wollen, dürfen wir nicht nur unseren Verstand einschalten. Wir müssen wieder lernen, auch auf unser Bauchgefühl zu hören. Auf unsere innere Stimme, die oft überdeckt ist von den Stimmen anderer, die uns etwas einreden wollen. Manche Stimmen stammen noch aus unserer Kindheit, und wir glauben inzwischen, es sind unsere eigenen Überzeugungen. Diese Stimmen beeinflussen uns unbewusst. Einige dieser Stimmen sagen: Das tut man nicht! Streng dich an, das ist nicht gut genug! Das schaffst du nie, dazu bist du viel zu blöd! Sei nicht so egoistisch! ...

Selbstbewusst durchs Leben zu gehen heißt: **sich bewusst werden, was uns ausmacht, mit allen unseren Stärken und Schwächen, Bedürfnissen und Wünschen.** Das ist ein lebenslanger Prozess, den wir nur erreichen, wenn wir achtsam mit uns umgehen. Mit unserem Körper, mit unserer Seele, mit unseren Gedanken. Dazu gehört auch, wieder zu spüren, was uns glücklich macht. Denn oft denken wir:
• Wenn ich nicht so viel arbeiten müsste, wäre ich glücklich.
• Wenn ich mehr Geld zur Verfügung hätte, wäre ich glücklich.
• Wenn ich einen anderen Partner hätte, wäre ich glücklich.
• Wenn ich besser aussehen würde, wäre ich glücklich.

Glück ist nicht von Dauer. Krisen, Krankheiten, Verluste, Ängste gehören zu unserem Leben. Kein Mensch wird dauernd mit einem Glücksgefühl durchs Leben schweben. Und Gefühle wie Traurigkeit, Angst, Verzweiflung, Wut lassen sich nicht unterdrücken und auch nicht schönreden. Wir müssen uns mit ihnen auseinandersetzen.

Doch die kleinen Augenblicke des Glücks können uns helfen, einen Schutz gegen Stress und negative Gefühle aufzubauen.

Warum ist das so? Wenn wir im Leben immer nur auf das Negative schauen, auf das, was nicht gut läuft, entstehen negative Denkmuster in unserem Gehirn. **Je mehr wir den Fokus darauf richten, umso stärker werden diese Denkmuster** und wir nehmen die positiven Dinge im Leben immer weniger wahr. Und dementsprechend fühlen wir uns immer schlechter. Nehmen Sie wieder ein Blatt Papier oder Ihr Heft und schreiben Sie drauflos:

Dinge, die mich glücklich machen und für die ich dankbar bin.

Ja, auch Dankbarkeit kann unsere Einstellung zum Leben ändern. Wenn wir uns bewusst machen, wofür wir im Leben dankbar sein können, richten wir den Blick mit der Zeit immer wieder auf die positiven Dinge. Und die gibt es in jeder Lebensbiografie. Selbst wenn vieles in Ihrem bisheriges Leben schlecht gelaufen ist, können Sie immer noch sagen: „Gott sei Dank, ich lebe noch!"

Selbstbestimmt leben

Egal, was bisher war, Sie können jederzeit anfangen, weitgehend selbstbestimmt zu leben! Dafür müssen Sie nicht Ihren Job kündigen oder Ihre Familie verlassen. Sie brauchen dazu auch nicht auszuwandern. Wenn Sie irgendetwas davon tun möchten, können Sie das natürlich tun. Es ist Ihre Entscheidung! Sie können aber auch anfangen, kleine Dinge zu verändern, um sich besser zu fühlen!

SICH PAUSENSNACKS GÖNNEN
Gönnen Sie sich öfter am Tag etwas, was Ihnen guttut. Auch die kleinen Dinge bringen Entspannung, wenn wir ganz bei der Sache sind:
• eine Tasse Tee oder Kakao genießen
• Musik hören
• mit einem netten Menschen plaudern
• die Ein-Minuten-Achtsamkeitsübung machen …
Schauen Sie sich Ihre Pausensnacks an – das, was Sie sich im Alltag zwischendurch ohne großen Aufwand genehmigen können.

Hängen Sie gut sichtbar eine Liste aus, damit Sie sich immer wieder daran erinnern!

NEIN-SAGEN ÜBEN
Manchmal glauben wir, wir müssten alle Erwartungen erfüllen, die an uns gestellt werden. Für alle da sein, es allen recht machen. Sofort einspringen, wenn unsere Hilfe gebraucht wird. Stundenlang zuhören, wenn uns jemand sein Herz ausschüttet. Nein, Sie sollen nicht zum Egoisten werden – ein bisschen weniger Ja-Sagen würde schon helfen.

Probieren Sie es aus! Vielleicht sind die Menschen erst irritiert, weil sie das so von Ihnen nicht kennen. Doch Sie werden sehen, hinterher schätzt man Sie umso mehr. Es kommt nicht gut an, von allen geliebt werden zu wollen. Es gibt ein kluges Buch, das heißt „Everybody's Darling, everybody's Depp".

Und sagen Sie auch einmal **NEIN zu sich selbst**. Zu den Erwartungen, die Sie an sich selbst haben. Sie sind auch nur ein Mensch und können nicht perfekt sein. Ob Sie es wollen oder nicht – Sie machen Fehler, treffen falsche Entscheidungen, sind manchmal anderen gegenüber ungerecht oder haben einen Durchhänger. Sie sind ein Mensch, wie jeder andere auch. Und das ist gut so! Denken Sie daran: Nur wenn es Ihnen gut geht, haben Sie auch die Kraft, für andere da zu sein!

NICHT ALLES PERSÖNLICH NEHMEN

Gerade wenn wir viel um die Ohren haben, nehmen wir leicht etwas persönlich. Ein schräger Blick, ein falscher Ton, und schon sind wir genervt oder sauer. Die Kollegen stehen im Flur zusammen – bestimmt reden die über mich. Und dann kritisiert uns auch noch der Chef. Zu Hause meckert der Partner und die Kinder haben schlechte Laune. Es ist zum Aus-der-Haut-Fahren.

Wer sich angegriffen fühlt, reagiert meist mit Gegenangriff. Ein Wort gibt das andere und der Konflikt ist vorprogrammiert. Fahren Sie nicht gleich aus der Haut, bleiben Sie bei sich selbst. **Atmen Sie tief durch und betrachten die Situation aus der Distanz.** Was geht hier gerade vor? Wer hat hier ein Problem – Sie oder die anderen? Lächeln Sie. Lächeln entwaffnet! Oder machen Sie es einfach wie Frau Merkel. Erst mal nichts sagen und cool bleiben!

LOSLASSEN LERNEN

Fangen Sie mit Ihrer Vergangenheit an. Was schleppen Sie alles mit sich herum? Unbewältigte Konflikte, Kränkungen, Schuldgefühle, verpasste Gelegenheiten? Das Leben passiert nur jetzt! Vergangenes können Sie nicht mehr ändern. Manchmal hilft es, sich unverarbeitete Erlebnisse von der Seele zu schreiben. Schreiben Sie einen Brief. An jemand, der Sie verletzt oder schlecht behandelt hat. Oder an jemand, den Sie gekränkt oder schlecht behandelt haben. Vielleicht würden Sie im Rückblick einiges anders machen. Sie müssen den Brief nicht unbedingt abschicken. Schreiben Sie es sich einfach von der Seele! Verzeihen Sie dem anderen und auch sich selbst. Verzeihen entlastet!

Eine andere Möglichkeit: Sie versetzen sich gedanklich in die damalige Situation und umarmen den Menschen, um den es geht. Das hat mir ein paarmal geholfen, belastende Erfahrungen loszuwerden.

Und was können Sie im Hier und Jetzt loslassen?
• Menschen, die Ihnen nicht guttun?
• Ihre hohen Ansprüche an sich selbst und an andere?
• Ihre Freizeiterwartungen?

Loslassen entlastet und führt zur Gelassenheit!

Erst wenn Sie wissen, was Sie wirklich wollen, können Sie nach und nach anfangen zu „entrümpeln". **Denn weniger ist oft mehr!**
Lieber weniger, dafür aber etwas Gutes! Das gilt für Anschaffungen genauso wie für das Essen. Für Sport genauso wie für Freizeitvergnügen. Für Freunde genauso wie für die Familie. Gerade für Beziehungen gilt: Es kommt nicht darauf an, wie viel Zeit man miteinander verbringt, sondern darauf, ob man diese Zeit intensiv nutzt.

Langsamkeit lohnt sich

Wie oft rennen wir durch den Tag und nehmen überhaupt nicht mehr richtig wahr, was um uns herum passiert. Wir haben im Kopf unser Ziel anvisiert und möchten das, was wir uns vorgenommen haben, möglichst schnell erledigen. Denn die nächste Aufgabe wartet schon. Dabei verpassen wir so viel!

Wann sind Sie das letzte Mal einfach so durch die Straßen geschlendert und haben bewusst die Umgebung wahrgenommen? Die Gesichter der Menschen, die Ihnen begegnet sind, ihre Haltung, ihre Körpersprache. Das Lachen und Tollen der Kinder, ihr neugieriger und offener Blick …

Wann haben Sie das letzte Mal bewusst die Natur auf sich wirken lassen? Den Wechsel der Jahreszeiten, das Erwachen im Frühling, die kraftvollen Farben im Sommer, das bunte Laub im Herbst, die kahlen, bizarren Äste im Winter …

Wann haben Sie das letzte Mal bewusst auf die Geräusche um sich herum geachtet? Auf den Straßenlärm, das Stimmengewirr der Menschen – oder zu Hause das Surren des Computers, das Ticken der Uhr …

Mit allen Sinnen erspüren, was gerade um uns oder in uns passiert, das nennt man leben! Wenn wir das verlernen, verlieren wir den Zugang zu uns selbst und erkennen nicht mehr, was wir wirklich zum Leben brauchen.

Bauen Sie Ihre Achtsamkeitsübung aus und halten Sie öfter am Tag eine Minute inne. Nehmen Sie bewusst wahr, was um Sie herum geschieht:

- Schauen Sie in die Gesichter der Menschen. Was sagt ihre Mimik aus? Sind sie gut gelaunt, heiter, müde, gestresst, traurig, wütend …?
- Achten Sie auf die Körperhaltung. Was drückt sie aus? Anspannung, Lockerheit, Angst, Vitalität …?
- Hören Sie auf die Stimmen der Menschen. Wie klingen sie? Kraftvoll, leise, ironisch, bestimmend, liebevoll …?
- Es gibt so vieles, was Sie beobachten können. Das, was Sie sehen, hören, riechen, schmecken, spüren – oder das, was Sie selbst gerade fühlen, denken oder tun.

Vieles geschieht automatisch und wir denken nicht mehr darüber nach. Wir hetzen durchs Leben und glauben, wir kommen so schneller ans Ziel. **Dabei merken wir gar nicht mehr, wie es uns und den Menschen um uns herum wirklich geht.** Durch Achtsamkeit lernen wir wieder – Schritt für Schritt – mit uns und mit unserer Umwelt in Kontakt zu kommen. Das macht vieles leichter und einfacher. Weil wir schneller erkennen, wenn etwas nicht gut läuft.

Wir ticken alle anders

Und damit meine ich nicht nur unsere innere Uhr. Ja, es gibt Frühaufsteher, die morgens gleich hellwach sind. Und es gibt Menschen, die erst langsam in die Gänge kommen. Lerchen und Eulen sagt man. Es gibt auch Kurz- und Langschläfer. Und dazwischen alle möglichen Varianten. Laut wissenschaftlicher Studien ist das in unseren Genen angelegt – genauso wie unsere Augenfarbe, die wir ja auch nicht beliebig wechseln können. Höchstens wir besorgen uns farbige Kontaktlinsen. Die innere Uhr tickt unser ganzes Leben lang ziemlich gleichbleibend. Außer in der Pubertät – dann wird sie bis etwa zum 20. Lebensjahr verstellt. Den Jugendlichen fällt es schwer, morgens aufzustehen, und abends sind sie nicht müde. Einer der vielen Konfliktpunkte während der Pubertät. Wissenschaftler plädieren deshalb dafür, die Schule morgens später beginnen zu lassen. Wenn wir immer gegen unseren eigenen Rhythmus ankämpfen müssen, schadet das auf Dauer unserer Gesundheit.

Genauso ist es mit unseren individuellen Bedürfnissen und Wertvorstellungen. Jeder von uns ist einmalig, mit seinem Temperament, seinen Fähigkeiten, seiner Weltsicht. Es gibt kein Richtig oder Falsch. Doch viel zu oft versuchen wir, uns den vorherrschenden Normen anzupassen.

- Sagen nicht unsere Meinung, weil wir fürchten als Außenseiter dazustehen.
- Folgen einem Modetrend – beim Kleidungsstil, beim Sport, bei der Ernährung, weil wir mithalten möchten.
- Hören bei der Erziehung unserer Kinder nicht mehr auf unser Bauchgefühl, sondern auf das, was uns sogenannte Experten vorschreiben.

Wir leben in einem freiheitlich gesinnten Land. Homosexualität, Patchworkfamilien und Väter als Hausmänner sind keine Tabuthemen mehr – jedenfalls nicht beim Großteil der Menschen. Und doch werden wir immer wieder von unseren eigenen Vorurteilen eingeholt. Bedingt durch unsere Erfahrungen, durch Erziehung oder durch Medienpropaganda. Dann kommen Aussagen zustande, die sich etwa so anhören: „Wie sieht die denn aus, wie kann man nur so herumlaufen!" „Wie kann man nur seinen sicheren Job kündigen und durch die Welt reisen!" „Also so kann man sich doch nicht benehmen, total ausgeflippt ist das!"

Ja, es gibt immer noch unausrottbare Tabus. Wir haben nicht gelernt, hinter die Fassade eines Menschen zu schauen. Ihn wertzuschätzen – auch wenn er völlig andere Ansichten hat als wir selbst. Dadurch lassen wir uns oft blenden. Auch im gegenteiligen Sinn. Sind wir nicht immer wieder entsetzt über:
- den netten und sympathischen Familienvater, der ein Kind missbraucht hat?
- die unauffälligen und freundlichen Trickbetrüger, die sorglose Menschen über den Tisch ziehen?
- Politiker und Prominente, die eine Menge Dreck am Stecken haben, aber sich am ehesten über andere Menschen empören?

Es ist nicht leicht, Menschen zu verstehen, die so ganz anders ticken als wir selbst. Und noch schwerer ist es, das Anderssein zu akzeptieren. Akzeptieren müssen wir vieles, weil wir es nicht ändern können. Aber tolerieren müssen wir nicht alles. Toleranz hört dort auf, wo Menschen anderen schaden oder Verwüstungen anrichten.

Wir Menschen sind geprägt durch die Erfahrungen, die wir im Laufe unseres Lebens gemacht haben. In welchem Land, in welcher Kultur wir aufgewachsen sind. Ob wir konservative oder liberale Eltern hatten. Wie unsere Geschwister, unsere Lehrer, unsere Mitschüler mit uns umgegangen sind. Und wie wir selbst darauf reagiert haben. Denn auch das ist bei jedem Menschen unterschiedlich.

Wenn wir uns selbst und anderen Menschen mit Respekt und Wertschätzung begegnen, und versuchen zu verstehen, warum wir so sind, wie wir sind – dann wird das Leben ein bisschen einfacher. Und es gibt viel weniger Gründe für Ärger und Aufregung.

Christian Morgenstern hat es erkannt:

„Schön ist alles, was wir mit den Augen der Liebe betrachten."

DER GANZE WERT
EINES GUTS
LIEGT IN SEINER
KNAPPHEIT.

Mit siebzehn hat man noch Träume ...

Mit diesem Lied siegte Peggy March 1965 bei den Deutschen Schlager-Festspielen. Ob Siebzehnjährige heute noch Träume haben, weiß ich nicht. Sie stehen oft unter Druck, haben Stress in der Schule und wissen nicht, welchen Weg sie einschlagen sollen. Vielleicht haben sie sogar Angst vor der Zukunft. Kleine Kinder können noch träumen. Sie wollen Prinzessin oder Raumfahrer werden. Oder was sonst gerade angesagt ist. Wovon haben Sie als Kind geträumt?

Es gibt Menschen, die schon als Kind wussten, was sie werden wollten. Sie haben sich nicht von ihrem Weg abbringen lassen und trotz vieler Hindernisse ihr Ziel erreicht. Denn wer einen Traum hat, der muss etwas dafür tun, damit er wahr werden kann. Leider kommt im Leben keine Fee vorbei, die uns einfach so unsere Wünsche erfüllt. Aber das ist auch ganz gut so. Das Leben wäre langweilig, wenn uns alles in den Schoß fallen würde. Und die, die wir bewundern, weil sie im Rampenlicht stehen, weil sie berühmt sind oder reich – von denen sieht man nur die Sonnenseite. Die harte Arbeit, die Verpflichtungen, der ständige Fokus der Öffentlichkeit, die Einsamkeit – all das sieht man nicht.

Trotzdem gibt es Träume, für die es sich lohnt zu kämpfen. Welche Träume das sind, müssen Sie selbst herausfinden. Vielleicht ist es der Beruf, in dem Sie aufgehen. Oder ein Hobby, das Sie begeistert. Oder Sie setzen sich für andere Menschen ein, um die Welt ein kleines bisschen besser zu machen. Oder Sie sind ganz für Ihre Familie da.

Fragen Sie sich: Was ist mein Ding, was begeistert mich, was macht mir Freude – auch wenn es manchmal anstrengend ist? Erinnern Sie sich an die Träume Ihrer Kindheit oder Jugend! Wir brauchen einen Ausgleich, damit wir die Dinge, die nicht so gut laufen, besser ertragen können. **Träume können uns daran erinnern, wohin wir im Leben wirklich wollen.**

Leben ist wie Wandern

Es gibt Menschen, die einfach durchs Leben laufen und abwarten, was auf sie zukommt. Und es gibt die perfekten Planer, die ganz konkrete Ziele haben und alles akribisch durchdenken und vorbereiten. Beide sind nicht vor unvorhergesehenen Ereignissen geschützt.

Genauso ist es beim Wandern. Sie suchen sich ein Ziel aus, erkunden die Wege, die dorthin führen, und überlegen sich: Soll es der einfache Weg sein, der länger dauert? Oder der anstrengende mit der besseren Aussicht? Sie müssen sich entscheiden und Vorbereitungen treffen. Eine Landkarte oder ein Navi, Regenschutz, Proviant, ein Handy, falls Sie Hilfe brauchen – all das packen Sie in Ihren Rucksack. Und dann hören Sie vielleicht noch auf den Wetterbericht. Ist Regen oder Unwetter angesagt? Wann ist die beste Zeit loszugehen? Sie haben alles geplant – und trotzdem kann es Hindernisse geben. Der Wetterbericht stimmt nicht, es gießt plötzlich in Strömen. Gut, wenn Sie Regenschutz dabeihaben. Ein umgestürzter Baum versperrt den Weg. Das bedeutet, das Hindernis zu überwinden oder wieder zurückzugehen und einen anderen Weg zu suchen. Es kann aber auch sein, dass Sie sich den Fuß verstauchen oder trotz aller Vorbereitungen vom Weg abkommen.

Es ist wie im richtigen Leben. Es ist gut, wenn wir vorsorgen und ein Ziel vor Augen haben. Trotzdem müssen wir immer wieder auf unvorhersehbare Ereignisse reagieren und Lösungen finden. Es nützt nichts, wenn wir uns ständig Sorgen um die Zukunft machen. Das, was wir befürchten, tritt oft nicht ein. Dafür manchmal etwas, womit wir überhaupt nicht gerechnet haben.

Eines aber ist im Leben genauso wichtig wie beim Wandern: **Pausen machen, um neue Energie zu tanken!** Wenn wir gestärkt und ausgeruht sind, fällt es uns leichter, Probleme zu lösen oder die nächsten Aufgaben ohne Stress anzugehen. Wir vergessen oft, dass auch die kurzen Pausen uns wieder ins Lot bringen können. Innehalten, tief durchatmen, den Ausblick genießen oder bewusst wahrnehmen, was gerade um uns herum geschieht. Im Leben wie beim Wandern ist es besser, eine Stunde später – aber ausgeruht – das Ziel zu erreichen. Statt völlig erschöpft am Ende zusammenzubrechen! Ein japanisches Sprichwort macht es deutlich:

„Fürchte dich nicht vor dem langsamen Vorwärtsgehen, fürchte dich vor dem Stillstand!"

Und jetzt mal ganz konkret

Durchsuchen Sie noch einmal in Ruhe Ihren Lebensrucksack und schauen Sie sich die Dinge an, die Sie belasten. Fragen Sie sich ganz bewusst:

- Was will ich wirklich, was ist mir wichtig?
- Was will ich überhaupt nicht mehr?
- Was kann ich ganz weglassen oder weniger oft tun?

Beim „Ausmisten" gibt es die Methode der Mehrfachkörbe. In Korb 1 kommt das, was Sie behalten möchten. In Korb 2 das, was Sie auf jeden Fall loswerden wollen. Und in Korb 3 die Dinge, die Sie belasten, aber die Sie im Moment nicht ändern können. Das könnte dann zum Beispiel so aussehen:

Korb 1 – Was ich unbedingt behalten möchte:
meine Arbeit, meine Familie, Freunde, mein Hobby ...

Korb 2 – Was ich auf jeden Fall ändern möchte:
mich über andere ärgern, ständig die Erwartungen anderer erfüllen …

Korb 3 – Was mich belastet, ich aber nicht weiß, wie es zu ändern ist: Zeitdruck, Krankheiten, Konflikte …

Füllen Sie Ihre Körbe und suchen Sie Ihren größten Stressfaktor heraus. Gibt es jemand, der Sie dabei unterstützen kann, diesen Stressfaktor abzubauen? Mit konkreter Hilfe? Oder einfach mit der Möglichkeit, darüber zu reden? Reden entlastet und gemeinsam kommt man oft auf Lösungen oder Ideen, an die man vorher überhaupt nicht gedacht hat.

Machen Sie den ersten kleinen Schritt – mehr nicht! Versuchen Sie nur eine Sache in Ihrem Verhalten zu ändern. Verhaltensänderung dauert Wochen, Monate, vielleicht sogar Jahre. Weil alte Gewohnheiten eine tiefe Spur in unserem Gehirn hinterlassen haben. Und mal ehrlich, fahren Sie nicht auch lieber auf einer gut ausgebauten Straße, als sich auf einem holprigen schmalen Pfad vorwärtszubewegen? Genauso geht es unseren Gehirnzellen. Mit der Zeit wird der Pfad immer breiter, wenn Sie die eingefahrenen Gewohnheiten minimieren und neue einüben.

Es ist schon das erste Erfolgserlebnis, wenn Sie merken, dass Sie wieder in eine Stressfalle getappt sind! Irgendwann werden Sie das erste Mal das gewünschte Verhalten zeigen und dürfen sich darüber freuen. Je öfter Sie das einüben, inklusive Rückschläge, desto mehr Vernetzungen entstehen in Ihrem Gehirn. Und es wird immer leichter, sich anders zu verhalten. Es wird zur Gewohnheit und Sie denken nur noch selten darüber nach.

Wenn das passiert ist, dürfen Sie sich gratulieren und Ihren Erfolg feiern!!!

Erst dann nehmen Sie noch einmal Ihre Liste und schauen, welche Säbelzahntiger Sie noch beseitigen wollen. Vielleicht hat sich auch einiges schon von alleine geregelt. Wenn wir unser Verhalten in einem Punkt ändern, beeinflusst das unser Leben auch in anderen Bereichen. Probieren Sie es aus und schreiben Sie es auf! Damit Sie Ihr Anliegen nicht vergessen, machen Sie sich am besten eine Notiz, die Sie mehrmals täglich erinnert und die Sie immer wieder vor Augen haben! Finden Sie Ihren idealen Platz: im Badezimmer, am Kühlschrank, am Computer oder auf einem Zettel in Ihrer Jackentasche. Und wenn Sie kreativ sind, können Sie diesen Zettel auch noch wunderbar gestalten. Vielleicht motiviert das zusätzlich. Von Thomas Alva Edison stammt der Spruch: „Es gibt einen Weg, es besser zu machen. Finde ihn!"

Was Sie sonst noch tun können

DIE NEUN-MINUTEN-STRATEGIE

Die Neun-Minuten-Strategie und die Ein-Minuten-Achtsamkeitsübung habe ich aus einem Online-Kurs von Roland Kopp-Wichmann übernommen. Beides ist nicht zeitaufwendig und lässt sich immer mal wieder zwischendurch einschieben. Die Achtsamkeitsübung, um innezuhalten und zur Ruhe zu kommen, die Neun-Minuten-Strategie, um Dinge zu tun, die wir immer wieder vor uns herschieben. Es ist unwichtig, ob Sie daraus eine Fünf- oder Fünfzehn-Minuten-Strategie machen. Der Effekt liegt darin, einfach anzufangen – ohne Druck, das Angefangene zu Ende bringen zu müssen. Sie werden staunen, wie viel sich in neun Minuten schaffen lässt. Wenn Sie Lust haben, machen Sie weiter. Wenn nicht, hören Sie einfach auf. Hinterher fühlen Sie sich befreit und erleichtert. Der Berg an Arbeit, der vor Ihnen lag, ist ein Stück kleiner geworden! Mir geht es jedenfalls so. Nutzen Sie die neun Minuten, um
- ein bisschen die Wohnung aufzuräumen,
- schnell mal das Bad zu putzen,
- endlich mal auf eine Mail zu antworten,
- den Artikel zu lesen, den Sie schon seit Wochen lesen wollten.

Jeder von uns hat seine eigenen Leichen im Keller. Dinge, die wir nicht gerne tun und immer wieder aufschieben. Wir fangen erst gar nicht an, weil wir den ganzen Berg vor Augen haben. Immer mal wieder ein paar Minuten Zeit zu investieren, ist nicht so anstrengend und führt langfristig auch zum Ziel.

EINFACH MAL NICHTS TUN

Wenn Sie keine Lust auf die Achtsamkeitsübung haben, können Sie auch einfach zwei bis drei Minuten NICHTS TUN. Sie glauben gar nicht, wie lange zwei bis drei Minuten dauern. Jedenfalls lange genug, um den Denkapparat herunterzufahren und sich zu entspannen. Stellen Sie sich ans Fenster und schauen Sie hinaus. Oder setzen Sie sich entspannt hin und träumen. Oder starren Sie einfach mal Löcher in die Luft. Sie können dieses Nichtstun natürlich auch ausweiten, indem Sie sich eine Tasse Tee oder Kaffee gönnen und diese bewusst genießen. Die Wärme an den Fingern spüren, den Duft einsaugen, das Aroma schmecken. Danach können Sie ganz in Ruhe weiterarbeiten.

Übrigens, **Langeweile fördert die Kreativität!** Kennen Sie das? Sie haben zu nichts Lust – obwohl Sie Zeit hätten. Rausgehen möchten Sie nicht, nicht einmal ins Kino. Das angefangene Buch ist gerade auch nicht spannend und die unaufgeräumte Küche interessiert Sie schon gar nicht. Zudem haben Sie auch noch schlechte Laune, weil Sie überhaupt nichts mit sich anzufangen wissen. Machen Sie sich nichts draus! Kuscheln Sie sich auf die Couch und tun Sie nichts. Das wirkt manchmal Wunder und baut unsere Energie und Kreativität wieder auf.

DEN WIDERSTÄNDEN EINEN NAMEN GEBEN

Manchmal weiß man nicht, was einen davon abhält, das zu tun, was man sich vorgenommen hat. So erging es mir beim Schreiben dieses Buches. Mein Ziel war, jeden Tag zu schreiben, wenigstens ein bisschen. Das Schreiben selbst war kein Problem. Aber das Anfangen kam mir jedes Mal wie eine riesige Hürde vor. Zu diesem Zeitpunkt hatte ich mir einen Videokurs der flowlife ACADEMY von Lutz Urban angesehen. Sein Tipp hilft mir nicht nur beim Schreiben, sondern in vielen Situationen des täglichen Lebens. Er riet mir, meinem Widerstand einen Namen zu geben und ihn wertzuschätzen.

Widerstände, Ängste, Sorgen haben genauso ihre Berechtigung wie unsere Gefühle. Sie wollen wahrgenommen und ernst genommen werden. Es gibt einen Grund, warum sie da sind. Also nannte ich meinen Widerstand „Gerda" und kam mit „Gerda" ins Gespräch. Dabei habe ich gelernt, wieder auf mein Bauchgefühl, auf meine innere Stimme zu hören. Die bildliche Vorstellung hat mir dabei geholfen. Wie anfangs schon erwähnt, unser Gehirn reagiert auf Bilder und Emotionen.

Manche sprechen von verschiedenen Anteilen in uns: vom inneren Kind, dem inneren Kritiker, dem Träumer, dem Perfektionisten …, mir persönlich ist das zu umständlich. Mir reicht es, immer wieder mit „Gerda" ins Gespräch zu kommen, bei Entscheidungen nach ihrer Meinung zu fragen – also quasi mein „Bauchgefühl" bei meinen Entscheidungen mit zu berücksichtigen. Ach ja, „Gerda" hatte Recht – sie meinte, man kann nicht jeden Tag schreiben. Genauso wichtig sind die mentale Vorbereitung und die Auseinandersetzung mit den angesagten Themen. Und außerdem braucht man zwischendurch auch immer wieder kreative Pausen! Das hat mich entlastet und mir den Druck meiner eigenen Erwartungshaltung genommen.

DIE GROßEN STEINE ZUERST

In seinen Vorträgen bringt Lothar Seiwert das Beispiel vom gefüllten Wasserglas. Wenn Sie ein Wasserglas mit großen Steinen füllen, passt immer noch etwas hinein – viele kleine Steine, die in die Zwischenräume purzeln. Zum Schluss können Sie sogar noch Wasser dazugießen, um den Rest des Glases aufzufüllen. Machen Sie es allerdings umgekehrt und schütten erst die kleinen Steine ins Glas, passen die großen Steine nicht mehr hinein. Dieses Beispiel zeigt: **Die wichtigen Dinge sollten immer Vorrang haben.** Wichtig ist das, was uns besonders am Herzen liegt. Nicht das, was gerade dringend ist.

Viele Zeitmanagement-Ratgeber sprechen von A-, B- oder C-Aufgaben. A ist wichtig, B ist dringend und C, das sind die vielen kleinen Routine-Tätigkeiten. Für mich war das immer etwas verwirrend. Auch mit To-do-Listen konnte ich mich nicht anfreunden. Es hat mich frustriert, dass sie nie abgearbeitet wurden, weil ständig neue Aufgaben dazukamen. Erst als ich den Tipp bekam, mich täglich nur auf eine A-Aufgabe zu konzentrieren, hat es funktioniert. Das Gefühl der Zufriedenheit, etwas getan zu haben, was mir wichtig war, gab mir die Energie für die restlichen Aufgaben.

Heute sind es drei große Steine, die ich täglich ins Glas packe:
- **Zeit für Beziehungen** – für meine Familie, Freunde, für Bekannte. Für Gespräche, gemeinsame Aktivitäten, gemeinsames Lachen.
- **Zeit für mich und meine Gesundheit** – Laufen, Gymnastik, Sonne tanken oder einfach mal nichts tun.
- **Zeit für das, was mir sonst noch wichtig ist** – Schreiben, Lesen, Singen und ja, manchmal packt mich auch das dringende Bedürfnis aufzuräumen. Dinge, die ich nicht mehr brauche, zu entsorgen.

Das Bild vom Wasserglas habe ich für mich persönlich so interpretiert: Die großen Steine stehen für Hand- und Seelenschmeichler. Es tut gut zu spüren, etwas Sinnvolles getan zu haben. Die kleinen Steine, das sind die vielen täglichen Aufgaben, die zu erledigen sind und manchmal ganz schön piksen können. Sand steht für die Zeit, die einfach verrinnt, wenn wir nichts tun oder Dinge ohne Anstrengung automatisch erledigen. Wenn wir achtsam sind und den Sand spüren – so wie im Urlaub am Strand, kann auch das ganz entspannend sein. Und das Wasser steht für den Schlaf, den wir brauchen, um wieder erfrischt den neuen Tag zu beginnen.

Finden Sie Ihre eigenen großen Steine und füllen Sie damit täglich Ihr Wasserglas!

KLARE KOMMUNIKATION

Wenn wir im Stress sind, ärgern wir uns schnell über andere. Sieht denn keiner, dass ich so viel zu tun habe? Kann mir den keiner mal was abnehmen? Wenigstens ein paar kleine Aufgaben? Wir erwarten, dass die Menschen in unserer Umgebung sehen, wie wir unter Druck stehen. Und wir halten den Mund. Anfangs jedenfalls. Bis wir so wütend sind, dass wir platzen – oder anfangen zu jammern. Es ist dann oft nur eine Kleinigkeit, die das Fass zum Überlaufen bringt. „Ja warum sagst du denn nichts?" bekommen wir dann manchmal zu hören. Eine berechtigte Frage. Wie viel einfacher könnte das Leben sein, wenn wir uns klar äußern würden. Bevor es zum Streit kommt und die Emotionen hochkochen.

Vor allem Frauen denken, alles regeln und stemmen zu müssen. Sie achten meist mehr auf die Bedürfnisse anderer und nehmen die eigenen Bedürfnisse nicht mehr wahr. Wenn Sie auch zu diesem Menschentyp gehören, gibt es eine gute Nachricht. Sie können sich ändern! Das heißt nicht, dass Sie zum Egoisten werden sollen. Aber klar sagen, was Sie wollen – ohne lange rumzureden. Also nicht:

„Der Mülleimer ist voll, vielleicht kann ihn ja jemand rausbringen."
Sondern: **„Bring bitte den Müll raus!"**

Zu den Kindern:
Statt: „Diese verdammten Sportsachen liegen schon wieder im Flur rum."
„Bitte nimm deine Sportsachen weg – es stört mich, wenn sie im Flur liegen!"

Zu den Kollegen:
Statt: „Das Telefon klingelt ständig, ich komme überhaupt nicht zum Arbeiten!"
„Wer kann das Telefon übernehmen, damit ich arbeiten kann?"

Menschen sind keine Hellseher. Sie wissen nicht, was in uns gerade vorgeht – es sei denn, sie haben ein ausgesprochenes Talent für das Erkennen von Körpersprache. Wenn wir nicht klar sagen, was wir wollen, können wir auch nicht erwarten, dass andere Menschen von sich aus unsere Wünsche erahnen. Das bedeutet nicht, dass wir über andere bestimmen. Unser Gegenüber kann immer noch sagen, was er von unseren „Forderungen" hält. Das muss nicht zum Konflikt führen. Gemeinsam lässt sich bestimmt eine Lösung finden. Aber wichtig ist:

Machen Sie den Mund auf und sagen Sie freundlich, aber bestimmt, was Sie möchten!

Wenn wir unsere Meinung äußern, kommt es nicht nur auf das an, was wir sagen, sondern **wie wir es sagen**. Die Stimme gibt unsere Stimmung wieder. Vor allem Kinder achten unbewusst sehr genau auf Mimik und Tonfall. Wenn Sie mit ängstlicher Stimme um etwas bitten, finden Sie womöglich kein Gehör. Sie brauchen nicht laut zu werden und zu schreien – obwohl auch das manchmal Wirkung zeigt. Wenn Sie sich klar und deutlich ausdrücken, dann wissen Ihre Mitmenschen: Aha, dieser Mensch meint auch, was er sagt! Das bedeutet nicht zwangsläufig, dass andere dann auch das tun, was Sie möchten. Aber die Chancen dafür sind auf jeden Fall größer.

Vertrauen und Hoffnung

Im Leben gibt es keine Garantie. Das ist so. Wir können krank werden, auch wenn wir gesund gelebt haben. Wir können plötzlich die Arbeit verlieren, weil die Firma Insolvenz anmeldet. Eine Naturkatastrophe kann unsere Existenz gefährden, Sturmschäden und Hochwasserschäden machen das zunehmend deutlicher. Ein Restrisiko bleibt immer im Leben, auch wenn wir noch so gut vorsorgen. Manchmal geschehen Dinge, mit denen wir überhaupt nicht gerechnet haben. Umso wichtiger ist es, das Leben JETZT zu leben und nicht auf die Zukunft zu verschieben.

Als wir 1970 nach Berlin zogen – während der Zeit des „Kalten Krieges" –, war im Hinterkopf immer die Angst vor einem Atomkrieg. Gott sei Dank kam es nicht dazu. Aber 1986, mitten im schönsten Sommerwetter, als es die Menschen nach draußen in die Sonne zog, kam die Nachricht vom Reaktorunfall in Tschernobyl. Eine Situation, mit der keiner gerechnet hatte und die monatelang die Menschen verunsicherte. Fragen tauchten auf, die nicht beantwortet werden konnten: Was hat das für Auswirkungen auf unsere Gesundheit? Wie viel Strahlung haben wir abbekommen? Was dürfen wir noch essen? Immer wieder werden wir mit Ereignissen konfrontiert, die uns Angst machen: Terroranschläge, Epidemien, verseuchte Nahrungsmittel, Banken-Krisen – um nur einige zu nennen. **Manchmal sind wir verzweifelt und fragen uns:**
• Warum unternehmen unsere Politiker nichts, warum geben sie Geld an den falschen Stellen aus, warum bieten sie Gier und Korruption nicht die Stirn?

- Warum werden wir ständig manipuliert – von der Lebensmittelindustrie genauso wie von der Werbung und von den Medien?
- Warum wird nicht mehr für Bildung getan und mehr gegen Armut und Arbeitslosigkeit unternommen?

Ja, wir stehen hilflos mittendrin in dem Desaster und können wenig tun. Natürlich können wir die „richtige" Partei wählen. Aber gibt es die überhaupt? Politiker sind auch nur Menschen – mit Fehlern und Schwächen. Und viel zu sehr abhängig von Lobbyisten. Wir können demonstrieren und uns wehren. Aus eigener Erfahrung weiß ich leider, wie wenig das oft bringt.

Aber es gibt auch freudige Ereignisse, die nicht vorhersehbar sind. Denken Sie an den Fall der Mauer – Freiheit für Millionen von Menschen. Oder die Fortschritte der Technik – Computer, Handy, Solarenergie, medizinische Geräte. Nicht alles Neue hat nur positive Seiten, aber wir können lernen, vernünftig damit umzugehen. Jeder Einzelne von uns.

Wenn wir die Verantwortung für unser eigenes Leben übernehmen, Dinge kritisch hinterfragen, uns nicht verrückt machen lassen, bei Problemen nach Lösungen suchen und herausfinden, was uns gut tut – dann haben wir auch die Kraft, uns für andere einzusetzen, ohne uns selbst aufzugeben.

Und wenn es doch mal ganz schlimm kommt, wir verzweifelt sind und nicht weiterwissen? Es gibt so viele Beispiele von Menschen, die sich zurück ins Leben gekämpft haben: Menschen mit einer schweren Krankheit oder junge Menschen mit Querschnittslähmung. Unternehmer, die in die Obdachlosigkeit abgestürzt sind, Drogensüchtige. Die

Liste ließe sich unendlich fortführen. Sicher haben viele von ihnen zeitweise ihren Lebensmut verloren. Aber sich wieder aufzurichten, daran zu glauben, dass das Leben einen Sinn macht und dafür zu kämpfen – das gelingt nur, wenn wir dem Leben vertrauen und die Hoffnung nicht aufgeben. Glück als Dauerzustand ist eine Illusion. Doch wenn wir achtsam mit uns, mit anderen und mit der Umwelt umgehen, kann das Leben trotz aller Widrigkeiten gelingen! Und wir können andere mit unserer Achtsamkeit anstecken. Ich meine bewusst anstecken, nicht belehren. Dann kann auch dieses afrikanische Sprichwort zum Tragen kommen: „Wenn viele kleine Menschen an vielen kleinen Orten, viele kleine Schritte tun, können sie das Gesicht der Welt verändern!"

Haben Sie sich entschieden? Welche Schritte wollen Sie als Nächstes gehen und womit fangen Sie an? Bleiben Sie dran. Ich wünsche Ihnen viel Erfolg!

Schlusswort – Persönliche Erfahrungen

Wie oft bin ich durchs Leben gerannt, ohne wahrzunehmen, was um mich herum vorgeht. In Gedanken bei meiner nächsten Aufgabe, bei dem, was noch zu erledigen ist. Selbst beim Essen habe ich mir keine Zeit genommen. Nach fünf Minuten war ich fertig. Unser Koch in der Kindertagesstätte hat einmal zu mir gesagt: „Wenn es jemals einen Schnellesser-Wettbewerb gibt, dann nehme ich dich mit."

Aber es war nicht immer so. Anfang der 70er Jahre fing ich als Leitung in einer kleinen Westberliner Kindertagesstätte an. Was waren das noch für ruhige Zeiten! Morgens frühstückten die Mitarbeiter gemeinsam, während die Kinder friedlich spielten. Dann kam die Arbeit mit der eigenen Gruppe und anschließend ging es raus in den Garten. Und wieder spielten die Kinder, während die Erwachsenen gelassen zuschauten und sich nur selten einmischten. Danach gab es Mittagessen. Nach dem Essen wurde über die Hälfte der Kinder abgeholt und während des Mittagsschlafs der übrigen Kinder saß man gemütlich im Personalraum, trank seinen Kaffee und machte Pause. Oder man bastelte gemeinsam den Weihnachtsschmuck für die Gruppenräume. Stress, Hektik – Fremdwörter! Sicherlich war zu dieser Zeit nicht alles gut. Bildung, Qualitätssicherung, Elternarbeit bahnten sich erst langsam ihren Weg in die Einrichtungen. In den 90er Jahren ging es dann Schlag auf Schlag. Die Finanzen wurden knapp und es hieß, wir müssten unternehmerisch denken und eigene zusätzliche Geldquellen auftreiben. Zudem wurde der Personalschlüssel drastisch gekürzt. Gleichzeitig nahmen Dokumentationen zu. Sicherheits-, Brandschutz- und Hygienebestimmungen wurden verschärft. Mehr Aufgaben – weniger Personal. Langsam fing das Hamsterrad an, sich immer schneller zu drehen. Dazu kamen zunehmend mehr Besprechungen und Meetings: Teambesprechung, Leitungskonvent, Kita-AG, Stadtteilkonferenz und, und, und …! Es wurde immer schwieriger. Dienstpläne gestalten, in denen Pausen, Vorbereitung, Elterngespräche, Urlaub und Fortbildung mit eingeplant waren. Alle Vorschriften berücksichtigen – und trotzdem noch Zeit für Mitarbeiter, Kinder und Eltern haben! Ja, auch mein Körper hat Warnsignale ausgesandt, die irgendwann nicht mehr zu überhören waren. Im letzten Jahr meiner Berufstätigkeit bin ich dann auf das Buch „Bevor der Job krank macht" gestoßen. Damit wurden mir die Zusammenhänge und die Auswirkungen von Stress deutlich vor Augen geführt.

Und heute? Ich hatte das große Glück, dank Altersteilzeit, schon mit 58 Jahren dem Berufsleben Adieu zu sagen, wenn auch mit finanziellem Verlust. Ich habe meine Arbeit geliebt – trotzdem war es die richtige Entscheidung. Die neue Lebensqualität und der Zeitgewinn gleichen die finanziellen Einbußen mehr als aus. Langeweile habe ich nicht. Schon lange hatte ich die Idee, ein Buch zu schreiben, das Eltern in ihrem Familienalltag unterstützt. Natürlich hat das länger gedauert als geplant. 2011 hielt ich überglücklich das erste Exemplar in den Händen. „Was macht Eltern stark und Kinder glücklich?"

Aus unterschiedlichen Gründen haben sich viele Pläne nicht erfüllt: Vorträge, Lesungen, Elternseminare. Aber das ist auch gut so. Ich habe gemerkt, dass Schreiben mir am meisten Spaß macht. Wenn es mir dabei gelingt, Menschen Mut zu machen, ein bisschen entspannter durchs Leben zu gehen, dann hat es sich gelohnt. Ein neues Projekt ist schon angefangen: „Familien im Stress". Ich freue mich, wenn Sie mir Ihre Meinung schreiben. Zu diesem Buch und zu dem geplanten Thema.

Was stresst Sie am meisten und wo finden Sie einen Ausgleich? Schreiben Sie mir und ich antworte Ihnen gerne. Versprochen!

Herzlichst, Ihre Gerda Hoffmann

E-Mail: g.hoffmann@elternimpulse.de

Anhang

Bücher und mehr – wer die Wahl hat, hat die Qual und jedem hilft etwas anderes weiter:
und deshalb hier nur eine kleine Auswahl weiterführender Bücher und CDs:

Ich kann auch anders – von Roland Kopp-Wichmann
    Herder Verlag, Taschenbuch
    Ein Buch für mehr Selbsterkenntnis mit erstaunlichen Wirkungen

Lass los und du bist Meister deiner Zeit – von Lothar Seiwert
    Gräfe und Unzer Verlag
    Mehr Zeit für das Wesentliche – Wege zu einem entspannten Alltag

Was macht Eltern stark und Kinder glücklich? – von Gerda Hoffmann
    BoD Verlag, Taschenbuch
    Impulse für mehr Gelassenheit – nicht nur für Eltern

Momo – von Michael Ende
    Thienemann Verlag, Taschenbuch
    Klassiker und Kultbuch mit vielen Lebensweisheiten zum Thema Zeit

Mental-Training-CDs aus dem Institut Enkelmann

Gesundheit kommt aus der Seele – von Nikolaus B. Enkelmann
    Positive Suggestionen, die Körper und Seele auftanken

Gelassenheit siegt – von Alexander A. Gorjinia
    Ihre Tankstelle für starke Nerven

Anmerkung: Bevor ich ein Buch kaufe, lese ich verschiedene Rezensionen. Das hilft mir persönlich bei der Entscheidung, ob der Inhalt etwas für mich ist.

Bereits erschienen:

Kleine Häppchen für mehr Gelassenheit im Alltag, nicht nur für Eltern.

Einige Leserstimmen:

Das Buch ist für liebevolle Eltern, die bewusst erziehen und sich Gedanken über den Umgang mit Kindern machen. *Ehemalige Lehrerin*

Ein hervorragender Ratgeber, der nicht nur Eltern nützlich sein kann, sondern jeder und jedem gute Impulse gibt, weil der Inhalt von A bis Z eingängig und überzeugend ist. *Großeltern*

Ich höre beim Lesen deine Stimme, es liest sich sehr gut. Beispiele, die du nennst und alles andere trifft echt zu. *Ehemalige Kollegin*